O nascimento de *Jesus*

(Lucas 2,1-21)

Na cidade de Belém, há mais de dois mil anos, foi anunciada uma Boa-Nova, que causa grande alegria a todo o povo: hoje, nasceu para nós um Salvador, que é Cristo Senhor! Vamos acompanhar esta linda narrativa de Lucas, capítulo 2, versículos 1-21.

Direção-geral: *Flávia Reginatto*
Editora responsável: *Andréia Schweitzer*
Coordenação de revisão: *Marina Mendonça*
Revisão: *Equipe Paulinas*
Gerente de produção: *Felício Calegaro Neto*
Produção de arte: *Jéssica Diniz Souza*
Imagens: *Fotolia; Images free e Dreamstime*

1ª edição – 2017
2ª reimpressão – 2020

Nenhuma parte desta obra poderá ser reproduzida ou transmitida por qualquer forma e/ou quaisquer meios (eletrônico ou mecânico, incluindo fotocópia e gravação) ou arquivada em qualquer sistema ou banco de dados sem permissão escrita da Editora. Direitos reservados.

Paulinas

Rua Dona Inácia Uchoa, 62
04110-020 – São Paulo – SP (Brasil)
Tel.: (11) 2125-3500
http://www.paulinas.com.br / editora@paulinas.com.br
Telemarketing e SAC: 0800-7010081
© Pia Sociedade Filhas de São Paulo – São Paulo, 2017

*Que Deus,
em sua infinita bondade,
abençoe e encha de paz
o seu coração.*

Feliz Natal!

Quando se completaram os oito dias para circuncidá-lo, foi-lhe dado o nome de Jesus, o nome dado pelo anjo antes de ele ter sido concebido.

Os pastores regressaram, glorificando e louvando a Deus por tudo o que tinham ouvido e visto, conforme lhes fora dito.

Eles o viram e contaram o que lhes fora dito a respeito do menino. Todos os que ouviram ficaram maravilhados com o que lhes era dito pelos pastores.

Maria, por sua vez, conservava tudo isso, meditando-o em seu coração.

Assim que os anjos
os deixaram e foram para o céu,
os pastores disseram
uns aos outros:
"Passemos por Belém
para ver o que aconteceu,
o que o Senhor nos deu
a conhecer".
Foram às pressas e encontraram
Maria, José e o recém-nascido
deitado na manjedoura.

De repente, junto com o anjo, apareceu uma multidão do exército celeste, louvando a Deus e dizendo:

"Glória a Deus nas alturas,
e na terra paz aos homens,
nos quais ele se compraz".

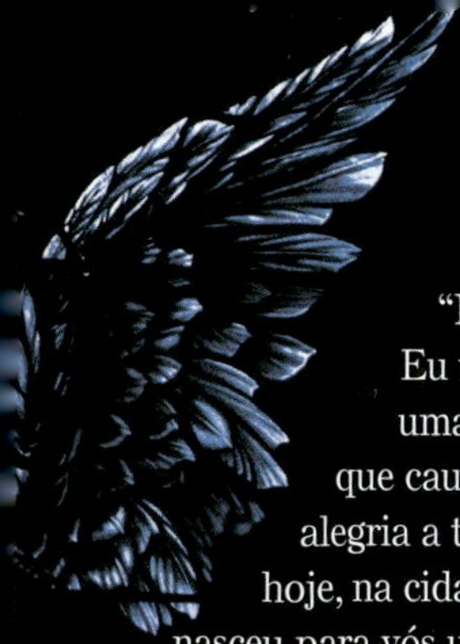

"Não temais! Eu vos anuncio uma Boa-Nova, que causará grande alegria a todo o povo: hoje, na cidade de Davi, nasceu para vós um salvador, que é Cristo Senhor. Isto vos servirá de sinal: encontrareis um recém-nascido envolto em faixas e deitado numa manjedoura".

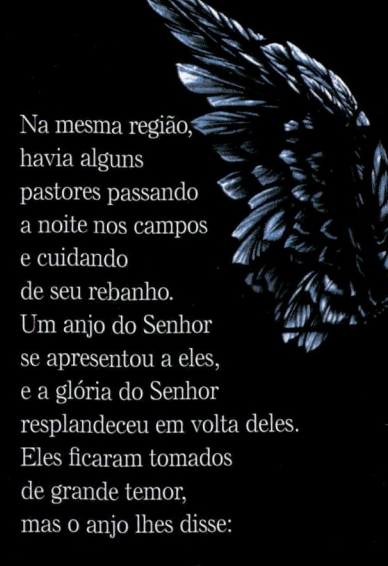

Na mesma região,
havia alguns
pastores passando
a noite nos campos
e cuidando
de seu rebanho.
Um anjo do Senhor
se apresentou a eles,
e a glória do Senhor
resplandeceu em volta deles.
Eles ficaram tomados
de grande temor,
mas o anjo lhes disse:

E, enquanto estavam ali, completaram-se os dias para ela dar à luz, e ela deu à luz seu filho primogênito; envolveu-o com faixas e o recostou numa manjedoura, porque não havia lugar para eles na sala.

Também José, por ser da casa e da família de Davi, subiu da cidade de Nazaré, na Galileia, até a cidade de Davi, chamada Belém, na Judeia, para registrar-se com Maria, desposada com ele, que estava grávida.

Naqueles dias, saiu um decreto de César Augusto para que se fizesse um recenseamento de todo o mundo habitado.

Esse foi o primeiro recenseamento realizado quando Quirino era governador da Síria.

Todos iam registrar-se, cada um em sua cidade.